温柔和善良要有锋芒

[韩] 金在植 —— 著

程乐 —— 译

中国出版集团　现代出版社

现在，是时候照顾自己了，

　　希望能随心所欲，变得幸福。

目录

第二章

写给
　　亲爱的
　　　　自己

不要总把一些人

　　强留在身边。

　　我身边的许多东西都是在我成名之后变好的。于是我忽然觉得，得到的东西越多，想要分享的东西也就越多，周围的人也就越多。

　　小时候曾经有一段时间，原本贫穷的家庭曾短暂地过上了好日子。从那个时候开始，家里就总有络绎不绝的客人。也许正因如此，我渐渐地喜欢上与人相处，同他们分享很多东西，一起度过美好的时光。

　　忽然有一天，家里的条件变得困难了，所有的人就像约好了一样，对我们敬而远之，绕道而行。好的时候很好，可坏的时候，不免让人心寒。那时，那件事成了我重新思考人与人关系的契机。

　　不用倾听别人的甜言蜜语，比起努力做

样子给别人看，我更觉得应该做的，就是不要失去自己，要集中于自己，拥有自己的价值。好不容易握手的两个人，如果有一方轻易地放手，那情分很快就会结束，这就是人与人之间的关系。你认为很深的交情有时也会成为泛泛之交，你认为珍贵的有时或许什么都不是。因此，不要总把一些人强留在身边，只要在真正在乎你的人眼中是个好人就足够了。

第一章

你无法成为

所有人眼中的好人

越热闹，
越孤独

孤独，
并非只在独处时才到来，
往往越热闹，越容易被孤独侵袭。

所谓孤独，
并非表面上的形单影只。
孤独是一种感觉，
一种发自内心的空虚感。

当孤独来袭时，
与其急切地期待别人，
倒不如把期待留给自己。
去寻找点什么吧！
为了自己。

吃喜欢的食物，
穿喜欢的衣服，
去一个能让自己心情变好的地方。

将焦点集中于自身，
度过一段惬意时光。

勇敢放下,
才能更好开始

比起拼命抓住生活里的某件东西,
其实,不再执迷、懂得放下才更重要。

心存执迷,
虽然看似已经紧紧地抓着某件东西,
但事实上,为了拥有它,
你早已绞尽脑汁,用尽浑身气力。
努力就能得到和明知会失去却依旧执迷,
完全是两码事。

失败可怕吗？

不，一蹶不振才可怕。

失败还有可能东山再起，

但一蹶不振的结局只有永远的一败涂地。

比起去琢磨怎样才能拥有，

不如去想想怎样才能不失去。

工作，朋友，爱情，何必执着地念念不忘呢？

也许勇敢放下，才能更好开始。

在喜欢我们的人眼中，
是个好人就足够了

别人的话，随便听听就好。

有些人认为你是方的，

有些人认为你是圆的，

都不必太在意。

没有必要把自己活成别人所期待的样子。

不要管别人怎么看你，

你就是你，和他们没有关系。

要相信，

你永远都不可能成为别人眼中那个最完美的人。

人与人之间的关系总是相对的，

所以你只需在意，

在那些喜欢你的人眼中是个好人就足够了。

幸福不必太满，
涓涓细流，才是真谛

不要希望生活中所有的幸福都尽在掌握，
涓涓细流，
才越会让人珍惜。

给予的幸福太满，
终会使在乎的那个他无法承受其重。
不如把生活里琐碎的小幸福，
一点一点地给予。

关系的
信号灯

与人相处的每个瞬间，都有信号。
正如红灯亮起之前会用黄灯来提醒一样，
人与人之间的关系，
也像行驶在马路上的汽车一样，
常常遇到黄灯。

黄灯亮起，
如果认为可以承受即将到来的结果，
那么不必在意，继续走下去就好。
但红灯亮起，最好还是停下来。

不，其实更确切地说，
在每一次红灯亮起之前，
都应该停下看看，不要着急过去。

事故总发生在不经意之间，
通常都是我们忽略了黄灯亮起的意义。
这就好比在爱情中盲目地自信，
或者对于爱情莫名地患得患失一样的道理。

若即若离的
理由

人与人之间，要有适当的距离。
与其说那距离是心灵的远与近，
不如说是让人不压抑，
能畅快呼吸的空间。

距离远近，并非一成不变，
而是因人而异，因事而变。

虽然距离忽近忽远，
但只要不发生冲突，
都可以称得上是安全距离。

为了使一段关系保持得长久，
首先要学会的就是灵活掌握"安全距离"。
往往离得太近，容易发生冲突；
离得太远，容易渐渐生疏。

因而与人相处时，
适度地若即若离，
其重要性不言而喻。

留在
身边的人

请断绝与那些散发负能量的人往来。
我们身边不需要很多人，
只与积极的人为伍就好。

同甘
不如共苦

对某些人而言，
所谓好的礼物并不是你想给予的，
而是他所需要的。

对你而言，
所谓好人不是那些对所有人都很亲切的人，
而是在需要安慰时守候在身边的那个人。

比起幸福的瞬间，
一起分享悲伤的人更值得感谢。

所以如果有人痛苦，
请不要冷漠地走开，
与他一起度过那段痛苦时光吧。

也许，

他会认为自己收到了这辈子最为珍贵的礼物。

也许，

他会将这份情意永远地铭记心间。

努力，
需要一起

假如一段关系让你时常痛苦，
无须费尽心机去改变或调和。
任何一段关系，
若对方不努力维护，你独自坚守也是徒劳。

假如那个人不再需要你了，
换句话说，
你对那个人已经没有意义了。
那么，请勇敢地放弃吧！
没有必要还死命地抓住不放，
纠缠不清只会带给你更大的伤痛，
而且这些伤痛也许终生都不能愈合。

所以请善待自己的心，毕竟它是那么的脆弱，
微笑着生活，不要做那些强颜欢笑的蠢事。

如果没有信心一直对我好下去，

那么，不要从一开始就装作对我好。

维系关系的
不二法门

为了让自己不蒙受损失，
即便总是强调，
付出才有收获，付出和收获是对等的。
但实际情况却是：
付出多少就得到多少是那么难以做到，
甚至付出很多，收获很少。

韩语中有这么一句话，
"被打的人比施暴者心里会更踏实，睡得更舒服。"
游戏里也常常如此。
在游戏中与获得某物的人相比，
那些失去的人反而更加坦然，更加自在。
而那些得到东西的人才最可怜，
因为他们害怕失去，一直忧心忡忡，殚精竭虑。

所以，请不要像傻瓜一样，
为了不受伤害，
为了得到更多而斤斤计较，
没完没了地算计。
与得到相比，
更多地给予和付出才是维系一段关系的关键。

离开还是继续，决定权在于你自己。

并非不合适，
只是不了解而已

曾经只是觉得两个人不合适，
但事实却是自己不了解对方而已。

在不了解的情况下，
假装什么都知道而后下结论，
我认为是一种不礼貌的行为。

"是由于这个原因吗？
所以他很少露出笑容？"
也许，
他展现的就是最真实的自己，
只不过是你按照自己的意愿，
产生了这样的想法罢了。

在不了解的情况下，
着急做判断、下结论，
是一件很愚蠢的事，
慢慢观察才是最正确的选择。

对的，
终会留下

有时自己曾经非常喜欢的一个东西突然就不再喜欢了。
可这个东西还是原来的它呀，并没有变化。
原来变的是捉摸不定的人心。

不要因为对于某件事曾经倾注心血，
现在却突然冷漠而感到悲伤和绝望。
那些真正适合你的终会沉淀下来，
不属于你的终会随风而逝。
所以，凡事不要过于执着。

不要
信口开河

"别结婚了",说起来多么容易。

可曾想过,结婚后得到幸福的人也有很多啊!

我们自己的人生怎么能够保证和别人也是一样的呢?

虽然婚姻里有争吵,

但是也有甜蜜,

也有相互依靠着生活的幸福啊。

所以不要因为你的失败,

从而觉得所有人的婚姻都会失败。

请不要信口开河。

希望现在的你过得舒坦，

就像当初在我身边那样。

关系破裂的
瞬间

空中掉落的雪花能有多重？
那些早已经被积雪压得嘎吱作响的树枝，
只差一片雪花的重量就折断了，
你说它是轻还是重？

人与人之间的关系何尝不是如此呢？
如果不注意小的矛盾，
让它们肆意堆积，任由其出现，
那总有一天，
这些矛盾会聚集在一起，爆发出巨大的能量，
给我们留下难以愈合的伤痛。

一定要
感同身受吗

你生气时，总会追问我："你为什么不生气？"
你说双方吵架时，若一方生气，对方也应该生气，
这实在让我无法理解。

没有说话，并不代表真的无话可说。
说了不生气，也并非代表内心没有怨气。

难道我必须也要像你一样，发着脾气大喊大叫，
才能证明你并非无理取闹？
毕竟一个人疼痛时，不能要求对方也一定要难受啊！

请立刻
行动起来

假如你此刻感到不安，

那就找些事情让自己立刻行动起来。

不要总把该做的事情拖延下去，

那样你只会感觉到更加不安，

人与人的关系更是如此。

有矛盾时，就要立即沟通。

不要等到积攒到终有一天不能调和时，

才黯然神伤。

没有事先
定好的答案

"和这样的人交往吧，不要选择那样的人"，
请不要遵照别人的话来选择自己交往的人。

你所交往的那个人，
你自己最为了解。
彼此的关系也是你自己所作出的选择和判断。

根据别人的话来判断，
我们很难遇到对的人，
也很难知道这个人是否符合自身的标准。

毕竟这个世界上没有绝对完美的人，
也没有绝对契合的两个灵魂。
美好的情感往往都是双方共同努力营造出来的。

那个人
并不是傻瓜

人的欲望没有尽头，
如果对对方的给予习以为常，
认为一切理所应当，不知感恩，
那么，未来即便遇到一件小事，
你也容易心理失衡。

长此以往，
你便不会看到对方所做的努力，
很容易陷入自身欲望的旋涡，
从而破坏两个人的关系。

其实，幸福应由自己来创造，
而非他人代劳。
如果你一无所有，
没有可以给予对方的东西，
那么，就不要总习惯于不劳而获。

爱情中，没有傻瓜。
那个人不是因为傻才爱你，
而是因为爱，才愿意装傻而已。

一起努力，
生活才会闪现光芒

一成不变的东西注定不会美丽，
只有当那些美丽的东西不再改变的时候，
才显得弥足珍贵。

虽然两个人在最初的时候都互相承诺，
真心不变，生死相依，
但就像生活每天都会不同，
我们也会在岁月中悄然改变一样，
两个人的情感也很难始终如一。

即便岁月无情，
但只要两个人的心永远向着彼此，
共同的美好时光
也必定会在两个人的生活中发出最耀眼的光芒。

应该懂得
拒绝

对于无法做到或不想做的事，
不要因别人的请求而犹豫。

答应那个请求，绝不会让你成为善良的人。
相反，其他的请求还会接二连三。
如果别人的请求让你感到不快，请立刻拒绝。

懂得拒绝，才能维护你们彼此间的关系。

如今在
我身边的人

回顾过去，
自己曾是个怎样的人。

对于曾经无法实现的爱情，
以及和某些人的关系，
顿觉往事不堪回首。
对自己不成熟的样子感到羞愧。

那些许久没有再去的地方，
像被困在无法浮现的记忆里，
模糊不清。

与我擦肩而过的无数人，
我向你们表示歉意和感谢。

如今我该做的，

就是好好对待身边人，

不让彼此消失在相互的记忆里。

将关怀
留在心底

比起令人心情愉悦的夸赞，
甚至承诺给予你全世界的人，
那些小小的略显生疏的关怀，
才更让人动心，更让人念念不忘。

脱口而出的话终会消失，
真心实意地关怀，却能永远铭记在心底。

不变的
永远不会改变

永远不要期待改变一个人的原则，
纵然时间流逝，
不变的永远都不会改变。
所以不要做无谓的期待，
不然受伤的只会是自己。
到最后，
除了让自己的内心变得更封闭，
什么都不会留下。

确切地
指出

与人交往，
如果讨厌对方，
请不要做任何伪装，
不喜欢也不要装作喜欢。
喜欢就是喜欢，
讨厌就是讨厌。
一切明确说出来才最好。
确切地表达、行动，
我们之间的关系才能更明确。

只说一次的
谎言

谎言不会只说一次就停止。

一个谎言的背后需要用更多的谎言来掩饰。

长此以往，

最终的结果可能连自己都无法承担。

坦率、诚实点不好吗？

那样一次就结束了，

多么轻松啊！

自己的
心情更重要

对于自己说的话、做的事，
费尽心思考虑对方会怎么想，
是一件毫无意义的事。
这只会徒增对过往无谓的迷恋而已。

破坏了对方的心情纵然不好，
但过度的反省，只会让自己更加疲惫。
一起度过的这段时间，
自己问心无愧就好。

对于过去的事，
没有必要再三回味。

只是聆听
也能成为力量

假如有人告诉你此刻他很痛苦，
请不要立刻回答道：
"我也痛苦过，所以能感同身受。"
因为比起你的倾诉，
此刻的他，更希望的是聆听。
安慰不一定非要用言语，
无言的陪伴，
也能成为鼓励他人的力量。

在身边的不一定属于你，

远在天边的也可能是你命中注定的东西。

联络的频度
不是衡量一段关系的尺度

经常联系你的人，不一定爱你。

有的人即便花费了时间却是无效的联络，

有的人尽管只联系了一次，

但彼此也会度过有意义的时间。

人和人之间的亲密关系与联络的次数不成比例。

并不是说，我主动联系了你，

你也必须付出和我相同的精力。

相反，比起经常联系，

更重要的是在不联络时依旧能信任彼此。

所以，

不要把关系的尺度定性为联络的频度。

其中蕴藏的
坚持才最珍贵

问候某人或者说有人可以问候，
这是一件值得欣慰的事。

每个清早我都会收到这样的短信：
希望你今天过得幸福。
希望今天是值得你感谢的一天。
闪耀的五颜六色的文字之外，
还附带些不知是某人在何处拍的，
甚至有些许土里土气的各种花的照片。

或许他把这个信息发送给了所有人，而不仅是我。
一想到在相同的时间，他发送相同的信息给很多人，
这感觉就像收到垃圾邮件一样。
不知从何时开始，便不再去打开看了，
甚至连显示的数字，都让我厌烦。

但是时间就这样过了一年，
两年、三年，
他依旧在继续。
我也对此渐渐熟悉，心中的敬佩之感油然而生。

比起短信中问候的话语，
他这种坚持才让我为之动容。
直到此刻我才意识到，这才是这个人的独特之处！

现在，我读完短信后，也会偶尔回复，
说些平时不会说出口的话。
"爸爸，希望您今天也过得愉快幸福。"

从伤痛中
解脱出来

对于受到的伤害，
不要总想着得到补偿。
对于伤害你的人，
不要总想着去报复。
比起对伤口的修复，
比起对他人的报复，
从伤痛中解脱出来，
才是最重要的。

要学会
察言观色

说着不可笑的笑话，
这时，你才是真正的笑话。
如果说出的话，令对方不悦，
你就不应该说这是玩笑，
而应该说对不起。

讲着自己古老的故事，
说这是对我的建议。
但我想要的，
不是听你的故事，而是听我的故事。

请好好
珍惜对方

爱情中如果还有悲哀，
那一定不是彼此甜蜜的时候，
而是在患得患失、忧心忡忡的时候。

比起爱情中的甜蜜，
那份分开后的痛苦才更让人刻骨铭心。

所以，两个人相处的过程中，
虽然甜蜜和温存是主旋律，
但也不要被爱情冲昏头脑，
宠辱不惊，心如止水才能刀枪不入，
愿你走得坦然！

不必因为想念某人而伤心。

也许现在还有

另一个人同样在想念着你

你足以
让人生充盈

对于人与人之间的缘分，
我们常会用"千里姻缘一线牵"来形容。
在我看来，
维持好这根"姻缘线"并不容易。
线容易打结，
这根看不见摸不着的线，
亦是如此。

如果遇到一段纠缠不清的感情，
不要因为别人而犹豫不决，
毕竟自己的姻缘，
不是为了给别人看，
而且别人也看不清。
只有作为当事人的你，
最清楚，能左右。

如果一段感情并非"善缘"，
它让你感到痛苦，
其本身也无法长久维系的话，
那就不要再为难自己，
痛快地结束吧！
为了自己。

时间
有限

人的时间有限，
永远不要为了合群而浪费。

和契合的人相处，
和讨厌你的人形同陌路。

朋友的数量和质量相比，
前者什么都不是。
所以，
不用期望得到所有人的喜欢，
有一两个在乎自己的人，
足矣。

不要将宝贵的时间，
浪费在一些无关紧要的人身上，
和喜欢自己的人一起，
体会快乐，
度过有意义的时间吧！

沉默
不是金

人际关系中，
信任的消失，始于沉默。

也许你只是不想把事情闹大、
不想发生争吵而保持沉默，
殊不知你的沉默可能会让对方陷入自我想象的怪圈，
从而产生更大的误解。

所以，如果不想破坏你们两个人的关系，
正确的做法是，面对面，积极沟通，消除误会。
只要不是深仇大恨，一切都会迎刃而解。

不合适，
也是没有办法的事

比起努力去改变那些无法改变的，
顺其自然，生活才不会疲惫。
就像有些事，你很难去改变一样，
改变他人，让他去适应你的节奏生活，
也是几乎不可能的事。

所以，不要为不可能的事而费心，
不要总留机会给他人、满怀期待，
否则最终受伤的，很可能只是你自己。
与其如此，倒不如从一开始就接受他最原本真实的样子。

如果两个人不合适，那也是没有办法的事。
你应该知道，
为了自己而改变某人或者为了某人而改变自己，
本身就是一种自私的行为。

坦率地
生活吧

对于某些东西或某些事，
没有就说没有，
不知道就说不知道，
坦率地生活吧！

明明没有却装作有，
不懂却装懂，
那样活着就太痛苦啦！
比起虚伪，坦率生活，随之而来的烦恼才会减少。

即便有些东西，不曾拥有，
即便对某些事，一无所知，
你依旧可以遇见，愿意与你分享，愿意帮助你的人，
你依然可以幸福地生活下去！

真正懂得生活的人，

　　很清楚什么该放下，

　　　什么该抓住。

要学会
聆听

言多必失的人
常常是那些喜欢滔滔不绝、说话没分寸的人。

虽然那些与人交谈时喋喋不休的人，
看似思想丰沛，在交流中占据上风，

但滔滔不绝，只会让听与说的双方都感到疲惫。
毕竟比起说话，善于聆听才更能吸引人心。

忍耐并不能
解决实质问题

不愿接受对方最真实的样子，
但又希望对方完完全全接纳自己的全部。

虽然彼此一点点互相理解并做出让步，
但如果两个人之间的差距依旧不能缩小，
那我劝你还是转身离开吧。

不在你认知范围内的东西，
即便现在接受，也无法持续很久。
一时的忍耐，解决不了本质问题。

如果对于彼此来说，
在一起过得并不幸福，生活如同地狱，
那不如放自己，放他人自由。

不是
甲乙的问题

喜欢的东西，
无法说出喜欢。
讨厌的东西，
无法说出讨厌。
想要的东西，
无法说出想要。

真实的心意，
无法坦诚相见。
想说出的话，
却无法言喻。
虽然活着，
却无异于死。

你有可能
也是个坏人

遇见陌生人的过程，
和去旅行很相似。

忽然想在疲惫且反复的日常生活中扬长而去，
或者为了和某人制造美好的回忆去旅行。

有时旅途比想象度过得更美好，
有时也会因为一些意想不到的事而备感苦恼。

但不管怎样，旅行的目的很明确：
想要获得某种快乐或幸福，
获得生活下去的必要能量。

不管过程如何美满，
旅行回来后的疲劳也总会如约而至。
这也许就是为了得到能量而付出的代价吧。

旅途结束后，它给我们留下了无数记忆的碎片。
在被刻进记忆的这些地方中，
有的地方回忆美好，让人长久地想起，
也有的地方不想再去。

通过旅途，我们也渐渐明白：
任何时间都可能遇上难以忘怀的风景，
任何地方都可能遇上刻骨铭心的经历，
重要的是和谁一起。

这像极了爱情。

"情人眼里出西施"大体就是如此吧！

即便在别人眼中，她甚至算不上一个"好人"，

但在你的心中，却十分完美。

同样的道理，也可以适用于自己。

对于某些人，你是个好人，

而对于另一些人，你也有可能是个坏人。

重要的是，
要有同样的心态

望着同一个地方，
走着同样的路，
如果生活的心态不同，
大概就是古语说的貌合神离吧。

望着别处，
就算走不同的路，
如果生活的心态一样，
纵然相隔千里，
也终究会殊途同归。

所谓两个人一起生活，
就是相互陪伴，
用同样的心态，
过着各自的人生。

说出的话，
并不会消失

人际关系中引起风暴的，
从来不是什么大事，
那些随口说出的话，
往往才是最伤人的利器。

某些脱口而出的话，
虽然嘴一闭就悄然消失，
但它也会在无形中触碰某人底线，
引发一场风暴。

有些话不过脑子，
信口而言，
却能像刀子一样，
扎进一个人的心里。

我们，

不能靠着阿谀奉承与别人社交，

但也请把责难的话咽下去。

原因是否
出在你身上

有人说过，去陌生的地方生活，最重要的就是，
无论何时都要主动微笑向他人问好。

这是背井离乡的人应该学习的第一堂课。
和陌生人交流，
不要认为只有你自己觉得尴尬，
对于这里的人来说，你陌生的面孔，
警惕的样子，同样也让他们不适。

跟当地经纪人聊天时，他问起我学校生活过得如何。
我回答道：
"虽然不知道我的感觉是否真实，
但我觉得这里的人们好像一直在警戒我，
这段时间我过得并不快乐。"
于是经纪人对我说，要学会主动微笑向他人问好。

他说，不管遇到谁，
都不要无视走过，要主动微笑问好，
即便一开始可能会被无视，
但只要坚持，总有一天，
那些人也会向你展露微笑。

不论他是打扫建筑物的清洁工人，还是保安大叔。
或许在未来某个陌生的地方，
你遇到困难需要帮助时，
他们会助你渡过难关。

这也是在陌生的地方生活遭遇困境时，
除了花钱解决外，最不错的一种方法。

听完他的话，我再次回想了之前的经历。
也许自己之所以觉得别人都在警戒我，
问题的原因在我自己。

也许是我脸上的表情，让他们心生戒备。
也许在他们眼中，我的样子真的非常糟糕。
直到此刻我才意识到，
原来自己常常从外部寻找问题所在，
而真正的根源在于我自己。

第二天，我虽然有些许尴尬，
但还是笑着和遇见的人打了招呼。
再后来，身边也渐渐有了很多朋友。
原来主动微笑，
不但能让我内心舒坦，还能感受到幸福。

付出什么
就会收获什么

有些人即便发脾气、爆粗口、指责他人，
内心的怒火也不会平息。

他们常常将责任推给其他人，
一边爆着粗口，
一边认为自己才是最正确、最完美，
正直且善良的人。

其实大可不必如此。
遇见不喜欢的人，
就果断离开，让一切到此为止。
不想见的人，不见就好。
毕竟一直看着自己讨厌的东西，
说着自己讨厌的话，
内心也会崩溃。

那些令人痛心的话，
伤人也伤己。
不要想着让别人痛苦，
而自己安然无恙。

伤口的
悖论

当你渐渐熟悉自己所受的伤害，
以及那些伤害你的人，
你也会渐渐熟悉，
将伤害给予他人。

不同的
记忆

真的，
很奇怪吧？
我们很少会记得自己说出的那些伤人的话，
而那些令自己受伤的话，
却记忆犹新。

第二章

写给

亲爱的自己

中彩票
也需要努力

我每周都会买彩票。
偶尔有人问我买彩票吗？
由于担心被指责，
我会敷衍了事地说"偶尔买买"。
结果，却意外地听到了下面这些话。

如果想中彩票，一定要坚持买下去。
当然不是说，一次花很多钱，
而是每周都不落下。

就像大家明明不买彩票，
每天却都说希望能中奖一样，
这种前后矛盾的妄想，根本就不存在！
世上哪有不努力就能得到的东西呀。

如果想中彩票，
不管一次买一千韩元还是五千韩元，
坚持买下去才有机会。

记住，世上的一切，
自己付出多少就会收获多少。

写给
亲爱的自己

听说，
本垒打最多的选手经常被三振出局。
虽然球队的核心是四号击球手，
但通常他十次中会有三次以上出垒。

被人们称为最棒的棒球选手，
从来都不是百分之百完美。
比起在比赛中打出本垒打，
更重要的是，
适时创造机会，
为接下来做准备。

所以，

不要为了让自己变得完美而费尽心机，

不要因为结果不理想，伤心地痛哭流涕。

你只要在人生的重要时刻，

尽了最大努力，这就足够了。

毕竟机会会再次来临。

适度地
去爱吧

不要爱得太过用力。

有时，放下也没关系。

任何时候都不要因为坠入爱河，而失去自我。

不是懒惰，
而是厌倦

你或许不是懒惰，而是厌倦。
处理熟悉的工作变得缓慢，
曾经令你愉快的事也变得无趣。
虽然知道自己该去做些什么，
但有时候感到一切都无能为力。

渐渐变得毫无生气，
与人见面也会感到厌弃，
似乎对任何东西都没有欣喜。
虽然得到了片刻休憩，
但依旧期望艰难入睡的夜晚和清晨不再来临。

你或许不是懒惰，而是心痛不已。
付出的努力，没有得到预想的结局，
疲惫于此，觉得一切都毫无意义。

你或许不是懒惰，而是因为忧郁。
明明什么都没做，只是静静地待着，
心情却依旧阴郁。如果这样那就独自走走吧!
去见某个人，
那个人可以是你亲近的人，
也可以是第一次见到的陌生人。

人虽然会因某个人而变得忧郁，
但也能通过某个人得到治愈。
毕竟突然晕倒的人，
无法给自己做心肺复苏而继续活下去。
所以在病倒之前，请好好照顾自己。

实质比外在
更重要

越是没什么可展示的人，
他的履历越长。
越是没什么能拿得出手的人，
越会去炫耀些无人知晓的"熟人"。
越是觉得身份重要的人，
越会在介绍自己时，
加上"我是某个地方的代表"这类的称谓。

越是自卑的人，
越注重包装自己。
即便如此，但只要听他说的话，
人究竟如何，一目了然。

所以请记住，外在并不重要，
关键还是看内在的本质。

彷徨

　　　不等于迷路

心灵也需
解忧所

因为不想吵闹，
所以装作若无其事，
极力压抑着内心激动的情绪。

带着"生活忙碌起来就会忘记"的想法，
与人交往，
将自己投入繁忙的工作中，
喘不上气，
甚至闲余空隙中流出的小小情感，
都极力去压抑。

暴风雨前夕的景象虽然平静，
但与和平的风景相去甚远。

如果被层层压抑的情感在某天突然爆发，
也许结局连自己都承担不起。

就算无法将那火热的情感及时排解，
也要适当地放空自己，生活下去。

压抑情感，
绝非一件对自己有益的事。

隧道只是
路过的一部分

生活中，

存在着永无止境的，

看不见尽头的黑暗的长隧道。

如果能知道，

还要走多久能看到光明，

如果能知道，

还需忍受多久就能度过，

那就好了。

但也正是因为一切都是未知，

我们才能心无旁骛地去克服这种苦痛。

隧道，不单单是帮助我们
确认剩余时间或者物理距离的参照物，
它还承载了我们的必然信念。
隧道只是路过的一部分，
它的尽头必定有另一个世界。

比起离别，
理解更难

是理解难，还是离别难？
因为不被理解，最终导致了离别。

比起离别，理解更难，
所以不必努力去忍受自己不理解的东西。

分开没有错，
忍受自己无法理解的事才是错。

记住，不论何时，为自己所做的选择才是第一位的，
即便选择不被人理解，即便选择会导致离别。

偶尔，
做个有棱角的人吧

与其为了圆滑地生活，
四处碰壁，受到伤害，
不如追寻自己的初心，潇洒地生活。

地球是圆的，
没有必要大家都是圆的。
按照各自的模样，
坚守各自的位置，生活吧！

长处有时也可能
变成短处

长处和短处，
从来都是一个有机整体，
不可分开而论。

生活中，
长处有时也会变成短处，
短处有时也能成为长处。

不要总想着在做什么事时，
只发扬长处，
而摒弃全部缺点。

毕竟有时你认为的长处，
也会让你的人生变得不顺，
而被认作的短处，
反而让你收获幸福。

每个人生来都有自己的长处和短板，
如何生活，却取决于人们自己。

气氛突然
变尴尬的原因

为什么看到美丽又帅气的事物，
突然要拿我来做比喻，把气氛搞得十分尴尬呢？
完全没有必要，我只是我而已。

感情不是
用来消耗的

不要把感情浪费在和自己毫无关系的人身上。

你对他感兴趣，并不代表他要怎样，

单方面的关心，

仅仅影响你一人的心情，烦扰你的日常而已。

与其这样，还不如多关注下自己。

今天早晨心情如何，

想吃点什么，该做些什么，

是否该给某人发个问候信息？

这一切都会让你的一天变得丰富多彩。

别人的生活无须过分关心，

用心过好自己的精彩人生吧！

那些没有分量的配角, 就让它过去吧

与其努力去得到他人的爱与认可,
倒不如拥抱自己, 认可自我。
反正"他人"这个对象总在不断变化。

只有你自己堂堂正正的时候,
你才会被他人爱戴、认可,
成为别人眼中独一无二的、珍贵的存在。

对待
离别的姿态

如今，
该为自己而活了。

去做曾经想做的事，买想买的礼物。
将离别视作成长的契机，
努力成为最好的自己。

比起向离开你的人展开报复，
倒不如为了更好的自己，
为了下次遇到更好的人而努力。

不要被
影子欺骗

不要背光走路。
因为独自背光走路，
你总会与黑漆漆的影子结伴同行。

向前看吧！
人人都在忙于炫耀自身独有的那道美丽的光。

不要回头看。
没必要费力去看自己的阴暗面。
不要被影子欺骗。

花并非
在冲我笑

偶然遇到一朵不知名字的，
正在微笑的花。

更确切地说，
花并非在冲着我笑，
而是我在对着它笑。
看到它，
我的心也立刻变得温暖起来。

真希望它能一直这样美丽下去。

如大树
一样的人

与其一阵风吹来，
来回摇摆不定，失去重心，
我更希望自己像被层层年轮缠绕的大树，
独自坚挺，守住一方净土。

因为只有这样，
我才能创造一片绿荫，供人乘凉，
为他们带去那微风承载的、美好的希望。

追寻幸福时，
记得读一读

追寻幸福时，
我们往往容易忽略这世上最珍贵的东西。
其实，在寻找幸福之前，
我们首先要寻找的，
是世界上最珍贵的自己。

世界上没有完美的东西，之所以认为它完美，

是因为在它身上你感到了满足。

自我怀疑前，
先对自己说声辛苦吧

明明用尽全力去生活，

却依旧备感辛苦，

这也许是因为，

你仅仅想成为别人眼中的佼佼者，

内心欲望在作祟而已。

如果已经尽了最大努力，

你便是最好的自己。

又何必自我怀疑？

所以先对自己说声辛苦吧！

每个人都不平凡，
无须与他人比较

当你拿自己去和别人进行比较时，
生活便会徒增几许悲惨。

明明不了解那个人，
却将自己代入他的生活，
萌生也想要过那种生活的想法。
自认为别人的人生才是最不平凡的活法。
但是你却忘了，
每个人都不平凡。

做着今天要完成的工作，
和身边的人一起度过时间，
感受日常琐碎的幸福。
这一切都是平平淡淡的生活点滴，
是大家最真实的活法。
你眼中别人的那份不平凡，
你也拥有着。

所以，无须与他人比较。
你只是你，随心而活就好。

凡事表现出来，
别人才能知道

明明不好，却装作没事，
凡事都不会因为你的假装而变好。
不好时，就说不好，这样才有可能变好。
所以，不要假装没事地过日子，
不好的时候，就表现出来。

人不必
妄自菲薄

人无须妄自菲薄，过度自谦。
每个人的价值都不能被定义，
也无法被任何人评价。
所以，相信自己的无限可能，
大胆尝试吧！

写给不珍惜
自己的你

你总是希望得到他人的关心，
你却从未给予过自己。

你总希望别人能对你报以微笑，
你却一直不展露笑颜。

你总希望别人能亲切地待你，
你却不能温柔地对待自己。

你总希望别人能够爱你，
你却不懂如何爱自己。

你若不珍惜自己，
别人又怎会爱你。

外表
变美的方法

之所以外表越发丑陋，
是因为内心没有摆正自己。

笑着轻抚自己，
把做错事的责任全归咎于自己，自责、发脾气。

像那样，自我抛弃，
自然不能塑造出外表的美丽。

其实，无须多加努力也能塑造外貌的方法就是：
带着爱意，对自己说一句
"没关系，一切都会好起来的"。

不是没有时间，
而是不够用心

因为伤心离开了这个伤心地，
来到一个陌生的地方，
面对陌生的另一个"我"，
度过了一段时光。

另一个"我"安慰着我说道：
"我对你谈不上讨厌，
却从未认真倾听过你的故事，
好好照顾你，
对于之前漠不关心的态度，
我深感抱歉。"
而后一直默默无语的我，
回答道："没关系，现在也不晚，
以后我们就互相照顾，好好相处吧！"

就这样，我原谅了自己，
也知道了人生中最珍贵的东西。

就像常说的：
"爱情是自然流露的，
关心是无法隐藏的。"
如果喜欢某个人，
你对她的关心是藏不住的。
然而在生活中，
我们常常忙着为其他事操心，
辩解没有时间照顾自己。
总认为很了解自己，
因为是自己，所以没有关系。

但如果和自己都无法和平相处，
你又怎能和其他人一起生活？
所以无论何时都要记得停下脚步，
不要吝啬照顾自己。

照顾自己，
和照顾与你相关的其他事情一样重要。

不要为了得到爱费尽心思，

　　毕竟它带给你的可能还有伤痛。

没有比你自己
更让你感到幸福的人

请勿将自己的人生托付给别人,
你的生活,你做主。
越是依赖他人,内心就越空虚,越孤独。

要承认,你无法得到所有人的认可,
放下内心中人人都喜爱你的那份执念。

只有先展露微笑,
才能看到对方绽放的、明媚的笑脸。

不是错，
只是不满意而已

生活中哪有正解。

所谓的对，只不过是你认为它对罢了。

即便做出的选择未能获得好的结果，

你也不能说结果是错的，

仅仅只是对它不太满意而已。

因为
是自己

"如果自己幸福就好了，
如果自己能够没有遗憾地活下去就好了。"

在这美好的希冀中，
人们追求的不是幸福这两个字，
而是幸福的对象——自己。

珍贵
的人

当你认为什么东西珍贵，
你也就成为珍贵的存在。
能够发现美丽的事物，
说明你本身就已经很美。

如果你认为那样,
就会那样

如果认为做不到,
那便是做不到了。
如果认为太累而选择了放手,
那便是再也无法挽回了。
你一旦认为不行,
那便是真的不行了。

防止心灵出现
故障的方法

想笑就笑，想哭便哭，
累了，休息一会儿再走，
摸不清头脑，就暂时搁置。

无须隐匿身体对你发出的信号，
将情绪如实地反应出来，
心灵才不会出现故障。

时间
并非良药

我们常说，
时间是良药，
一切终将过去。
然而，
让一切过去的并非时间本身，
而是不断克服艰难、勇往直前的我们。

第三章

爱，

就是学习对方

即便在爱情中，
你更用心

"假如你我位置可以互换，
哪怕只是一瞬间，
你也会了解我对你的那份用心。"
你真的有这份自信吗？

假如你我互换，
却发现我对你的爱更深，
那该如何？

在爱情中，
比较谁更用心，
并不重要。
只要能确定彼此相爱，
就已足够。

毕竟人心瞬息万变。

与其执着于那些看不见的东西，

不如为了彼此长久地陪伴而共同努力。

我想要的
爱情

希望我们的爱情不要像锅里煮的水那样，
迅速沸腾。

我更希望它不冷不热，
温暖的，长久且平静。
虽然偶尔可能觉得无聊，
甚至有些乏味。

为了维持爱情的这种温度，
希望每个人都能够互相温暖着拥抱生活。

不管你什么样子，
我都喜欢

将没洗的头发随便扎起，
穿着过季的衣服，
赤脚穿着拖鞋在家里走来走去。
我说："你这样子真是可爱。"
她问道："不漂亮的样子也可爱？"
"是的，外表和内在相比，
后者才是我更关注的。
你把最随便的一面展现给我，
是出于对我的信任。
精心打扮过的你虽然让我心动，
但是现在的你，更让我喜爱。"

让我
主动说的话

"你喜欢我吗？"

"嗯。"

"我问你是不是喜欢我？"

"嗯，喜欢。"

"我很好奇，你为什么总问这个问题？

明明问过好几次。"

"怎么了？很烦我吗？"

"不，只是我不明白为什么总问我。"

"因为有可能你刚才还喜欢我，现在却不喜欢了呀！"

"而且最重要的是，你从来都不主动说喜欢我。

所以我当然要一直问啦！

如果你懒得一直回答，那就主动说喜欢我呀！"

送你
回家的路

送你回家的路，
虽然坐车都有些远，
但还是打着喜欢走路的幌子，
陪你一起慢慢向前走。

一路上莫名地欣喜。
真的好想就这样，
牵着你的手，一直走下去。

我们称之为
爱情的东西

想小心翼翼地靠近，
但又害怕犯错的内心，
想一起共度美好时光，
却又忐忑于对方的内心，
虽然没有诗意，
但是还想说端正、漂亮话的内心，
为了某个人特意准备着什么的内心，
压抑着生气的情绪，
保持微笑的内心，
即使认为不是那样，
但依旧尊重对方的内心，
虽然自己痛苦，
但依旧祈祷对方幸福的内心。
有时想就此结束，
却无法放下对方的内心，

想要永远守候在某人身边的内心，
为了某个人，
另一个人付出的真诚和努力。
我们把这，称为爱情。

谢谢你，
爱着这样的我

你笑着说，
"不管去了哪里，都再也遇不上像我一样的人，
因为是我，你才会义无反顾地去爱。"
对此，我们深有同感。

我知道，你爱我。
你知道，我也爱你。
所以，无论走到哪里，
我都爱独一无二的你，
你也爱着这样的我。

名为
你的季节

当你来到我身边时，
只是一阵微风，
当你充满了我的生活时，
我知道，春天来了。
我人生的春天。

你陪我度过炎热的夏日，
像秋天的枫叶一样美丽。

而后你又用那份温暖，
陪着我走过冬天。

细小
且真实

看着手机相册，
不由得笑了好一阵。

比起那些为了上传到社交网络而有意拍摄的照片，
无意拍下的日常生活的瞬间，
反而带给我们更多的乐趣。

记录下瞬间那些有趣的表情，
搞怪的姿势。

它们不是为了炫耀去了哪里的摆拍，
而是原本自然的模样。

是只有你我两个人才能看到的，
幸福的瞬间。

即便光线有些不足，
构图有些奇怪，
但其中真实的面貌，
令人感动。

偶尔，
"幼稚"一次吧

即便充分感受到了对方的爱意，
但还是希望能听到些"幼稚"的词语，
比如"我爱你"。
虽然有些话那么可笑，
但小小的一句能让你确信：
你们离得很近。

因为不存在永恒的东西，

所以我们才会心急如焚。

爱情
没有正解

爱情之所以令人困扰不已，
是因为它没有正解。
如果存在所谓的正确答案，
那爱情必然轻松简单，
但遗憾的是它没有。

虽然不知道爱情里是否有技巧，
但爱情需要经历过才能知道。
即使有技巧，要想熟练，
仍需要相当长的时间。
不断碰撞和感受才能知道。
只有这样，
对爱情才能产生自己的方法。

我并不期望
它是滚烫的

什么样的人才是真正爱你的人？
不是看见你之后身体突然躁动发烫的人，
而是无论何时何事，都跟随你的心意，
考虑和迎合你心情的人。

是愿意倾听你的故事，
无论何时都站在身边守护着你的人，
是不论高兴或悲伤，你最先想到的人。
是一起思考怎样生活，想要长久一起走下去的人。
是给你生活信心的人。

这便是我想要，并且想成为的人。

比起未来，
还是谈论当下吧

如果想长相厮守，
那么请分开现在、未来，
一点点用想念将内心填满。

所谓想念，
就是你忽然想起了他，
频繁地想念，
就是你对他的爱意加深了。

两个人与其因为长久相守，
而相看生厌，
倒不如在日常的每个瞬间里，
在恳切的情感中，
彼此思念。

所以爱情，
不用看太远，
重要的是当下。

说漂亮话的
理由

我并不奢望多么了不起的东西。
那些转瞬即逝的，
外在物质的东西，
虽然能给我带来片刻欢愉，
但是那些有关生命的金玉良言，
有时候却是你张口闭口之间，
一刹那的声音。

对我来说，你一句不经意的话，
都可能让我内心温暖，无法忘怀。

所以，请用心说话，
养成说漂亮话的习惯。

在爱情里也需要
谨言慎行

不管是什么，只要还没打算放弃，
最好不要贸然下定论。
特别是恋人之间更是如此。

你对我说："原来你是这样的人啊！"
仅凭你胡乱的猜测，便好像什么都知道似的，
这脱口而出的话，让我实在很难接下去。
殊不知你有口无心的话，
可能会让我之前的努力都付诸东流。

要知道那些内心多疑、
心直口快的人是没有长久爱情的。
我能对你更好，也想对你更好，
但在爱情里也请你谨言慎行。

努力做到
不怨恨

明白了，就算无条件地付出，
也并不能得到一个人的心。
因为对某人全心全意地付出，
那是你自己的事情，
与别人无关。

为了得到那个人的心，
无条件地关怀和奉献，
最终只会把自己变成卑微的奴隶。

爱情不是单行道，
单方面的喜欢与付出，
并不是要求对方同等对待你的理由。
如果认为彼此并不适合，
及时止损才是上策。

毕竟接触得越久，
内心的伤口也会越深。
时间越长，越难忘记。

有时，
有多爱就可能有多恨。

破镜
难重圆

比起相爱而后分手，维护现有的关系实则更难。
就像摔碎后粘起来的杯子，

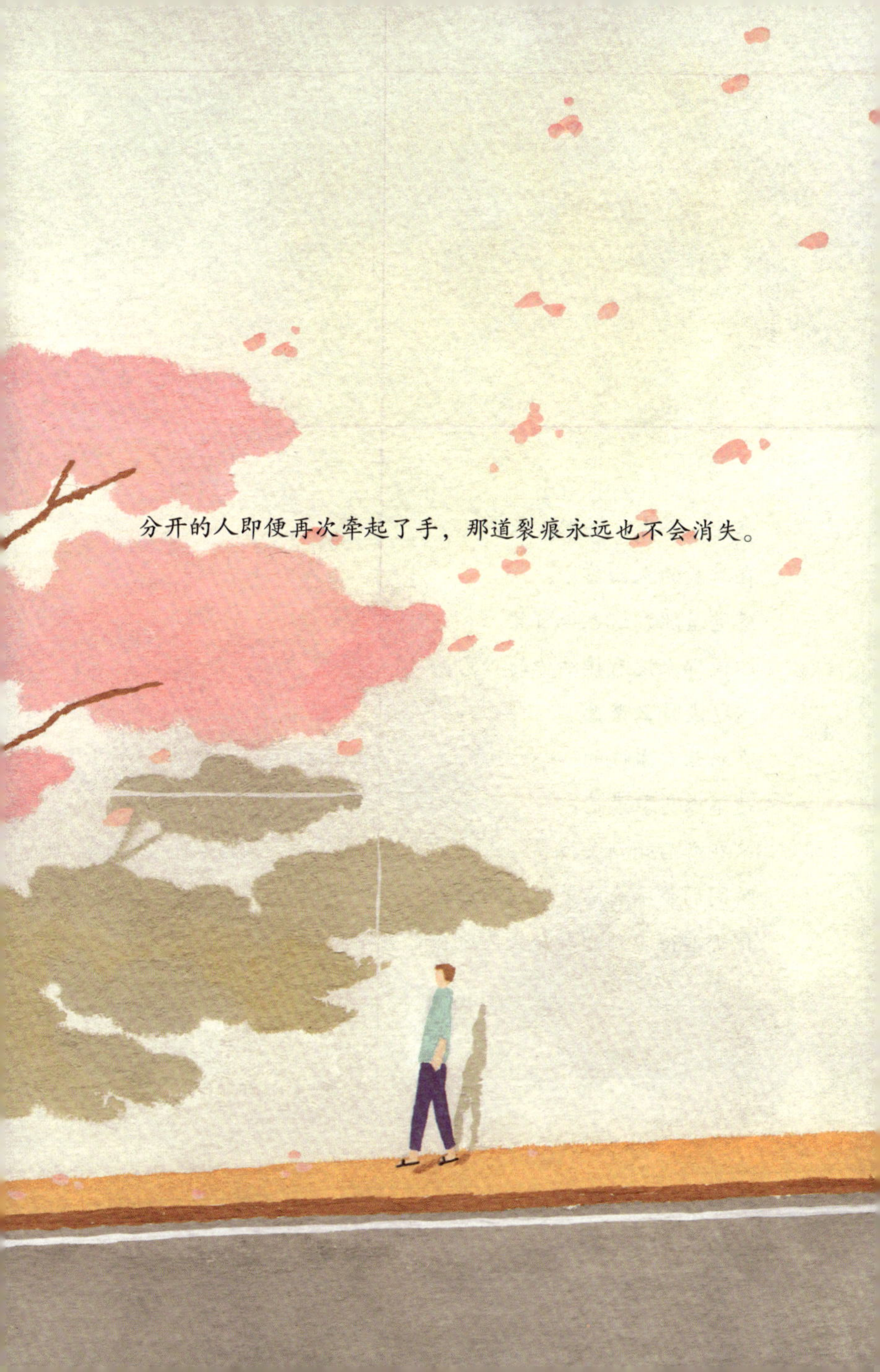

分开的人即便再次牵起了手，那道裂痕永远也不会消失。

爱就
勇敢说出口

喜欢一个人，并不丢脸。

在喜欢的人面前，

感觉羞涩，这也很自然。

即便那人没有接纳你的心意，

这也没什么遗憾。

真正让人羞愧的，

是不敢勇敢表达，

只在身后悄悄关注。

瞬间的伤痛会随着时间而愈合，

但那些得不到的却会久久地在心里骚动。

爱情需要
彼此认可

以爱的名义，去委曲求全地迎合，
两个人的关系也不会变好。
只有当双向奔赴，彼此完全认可的时候，
才是一段良好关系的开始。
所以，即便自己要被抛弃，
也不要努力去迎合对方。

谁可以
为它测重

我们之所以不害怕闭眼，
是因为爱的人在身边。
之所以能安心地闭上眼，
是因为充分了解那份爱。

唯一遗憾的，
可能是没能给予对方那么多的爱吧！

为了能安心地闭上眼，
请放肆去爱！
那些得不到的爱情，
大胆释怀，不要纠结。

两个人之间的爱情，
谁能够分得开、量得清呢？

156

怀抱着曾经爱过的情，
现在正在爱的心，
安心地闭上眼吧，
没有任何人能对这份感情指手画脚！

本性
不会改变

所珍视的，所热爱的，
所有的一切，肉眼可见。

爱真的很简单！
它可以看得见。
爱无处不在，
它甚至隐藏在对待你的态度和语气里。

但不论看得见，看不见，
不管那个人爱你，不爱你，
最了解一切的终究是你自己。

倘若你没有感受到爱的存在，
那便不是爱，不必怀疑。

没有必要和其他人讲述，

向他们寻求答案，浪费时间。

人的本性不会改变。

那些短暂的改变，也只不过是虚伪的假装罢了。

爱情可以永恒，

但人不能。

用尽全力
就不会后悔

你知道吗?

假如和某人在一起时,你为她拼尽了全力,

那么你便不会后悔。

说起来也奇怪,曾经那么认真地相爱,

虽然后来分手了,自己也并没有想象中那么痛苦。

两个人在一起的时候,经历过幸福,经历过痛苦,

但结束之后,似乎忘记了关于两个人的全部。

因为和她交往时,我付出了自己所有的感情,

甚至一想到分手那种撕心裂肺的感觉,

我都已经毫无保留地告诉了她。

所以如果你真的爱一个人,就请竭尽全力。

不要有任何的情感保留。

爱，
它不会让你疲惫

只有离开让你疲惫的人，
才会遇到给予你力量的人。

爱，并不意味着所有的伤痛都要承受，
真正的爱情，不会一直让你受伤。

不要傻傻地以为现在不幸福，但终究会变幸福。
不要将希望寄托给未来，当下的才最真实。

如果内心没有告诉你，必须和这个人在一起，
就请离开他，寻找更广阔的天地。

倦怠期

当一个人集中精力去做某件事的时候，
是听不见周围任何声音的。
这同样适用于爱情。
如果你的内心有了稍许动摇，
也就表明，除我之外，你已经开始去注意其他人了。

那么，无论我站在你目光所及之处的哪里，
都已不再重要。
因为你已经把自认为不错的人放在我旁边，
与我进行比较，
即便她被放在中间，放在角落，放在前面，抑或后面。

所以，现在能放开我了吗？
毕竟你东张西望很辛苦，
我也一样。

没有
其他的理由

我爱着的那个人，
为什么不爱我？

要求你爱的人必须爱你，在本质上是自私的，
毕竟"我爱他"与"他爱我"没有什么关系。

所以即便某个人喜欢你，
也不意味着你必须喜欢他。

我没
乞求过你

一切就到此为止吧。
不想再做伤害彼此的事了。

人是不会变的，
那个现在对我没有一点关怀的你，以后将还是那样。
这样的你于我而言，真的再也承受不了了。

对你的无私奉献不是因为我是个好人，
而是因为我爱你。
也可能因为我想得到你的爱吧！

可我厌恶现在的自己，
我就像一个在乞求爱情的奴隶。
我真的受不了了。

有的时候，
必须擦身而过

因为爱你，
比起自己，总是把你放在第一位，
但这么做并不总是幸福的。

对于无法容忍的事情，
一点点地容忍让步，
一点点把委屈和不满积压在心里，
一点点让两人的距离越来越远，
在某个瞬间，终会因无法承受而分道扬镳。

虽然早在预料之中，
但当那一刻真正来临的时候，
还是让人无法接受。

其实，真的没有必要非他不可，
生活中，
很多人都把那个本应该擦肩而过的人，
误认为是自己的真命天子，
高声呼喊着"我爱你"。
为了得到所谓爱情而卑微乞求的人，
注定是个悲剧角色。

那个人并不是没有时间，

只是对你不上心罢了。

像爱情，
但不是爱情的东西

因为喜欢，因为想在一起，
因而绞尽脑汁地追求，这被称为执着。
因为执着不是被某人强迫，
而是发自自己的内心，所以很难停下来。
所以从某种程度上说，它像极了"爱"。

你也明知它不是爱情，只是假象是幻想，
但依旧难以割舍，依旧相信某人是自己生命的全部，
如果这份"爱"消失，甚至生活都无法继续，
明知不对，也依旧放不下。

所以执着总是很可怕。
它在被赋予某种意义的同时，伴随的还有无尽的痛苦。
但爱情并非总是痛苦的，
如果所谓的"爱"常常让你痛苦，那它绝不是爱情。

在空无一人的原野上，
独自站立的时候

明知道那是无心之举，并非蓄意伤害。
那么做只是想知道，我对你是否重要而已。

在空无一人的原野上，
你一个人站过吗？
纵然微风不见，
但依旧吹入了我的心里，
莫名地激动不已。

我依旧还在那里，
那个没有人守护我的地方。

对此，我无所谓。
因为真正让我无法忍受的，
是看不见你。

就这样等待着你，直到太阳下山，
漆黑的夜晚来临。
直到黑夜也将我吞没。
也许我会随着黑暗走向某处吧，
真心希望新的一天早点来临。

我并没有
那么喜欢你

你对我的好，还有那些让我感到负担的话语，
在当时我并没有理解。
为了爱和迎合而努力的模样，
让我卑微得抬不起头来。

我并不是那么喜欢你。
老实说，我没有利用你对我的真心，
就是我对你最大的友善了。
所以，希望你不要再给我负担，选择离开吧。

磁铁

曾经擦身而过都不认识的彼此，
因为爱情，成为最亲近的人。

也许是因为彼此越来越相像，
最终，我们成为磁铁的同一极，
互相排斥，最终无法相见。

我们分手的
真正理由

我认为爱情要相互磨合，
但不知怎的，我们把它等同于"完美"，
总希望彼此是最完美的样子。

最初，我会为了适应你的节奏而努力，
但是后来，我也希望你能适应我。

一个人独自付出，
也不要伤心

爱情之所以痛苦，
是因为它是我一个人的独角戏。
看到你激动地说着"我爱你"，
为了那个人倾注了时间和精力。
我也会因遗憾而哭泣。

抱着你会回头的期待，
只会让我更加崩溃而已。

两个人相爱才算是爱情，
可能是因为那里面没有我，
所以才会如此痛苦吧。

一个人独自付出，不要伤心了。
毕竟一个人的爱情总是要独自承受着痛苦。

对我来说,
久远的离别

等待,
对某些人来说,
一分一秒都无法忍受。
但对我来说,等待你是幸福的。

随着等待成为理所当然,
我渐渐熟悉,放下你。

在漫长的时间尽头,
我抖擞精神,重新站了起来。

虽然对你而言是突然的,
但对我来说,很久远。

曾经爱过你吗

曾经爱过你吗?
记不清楚了。

也许,
只有等到另一个你出现的时候,
那份记忆才会重新翻启。

曾经说过没有你活不下去吗?
曾有和你一起,
梦想永远的日子吗?

说出爱你,
好像都有些生疏了。
是因为爱情常常出现在梦里吗?

现在觉得爱情就像做梦一样遥远。

就像刚从梦中醒来一样，

刚才还历历在目，

睁开眼却怎么也想不起来了。

没有擅长爱的人，

只有为了爱而长久努力的人。

就到此为止，
放手吧

不要自作多情了。
选择那个人，
与他相爱，
都是你自己的决定。

他没有乞求过你，
而且以后也会如此。

你也许在最初的某个瞬间，
感觉那是爱情，
但如果不能完全爱上现在的那个人，
不要想着迎合，放手吧。

说不定这是为了彼此的未来，
更明智的选择。

即便是
杂乱的线团

究竟要执着到什么时候？
要紧紧抓住内心的这根纽带去生活吗？
错综复杂的生活，不知道从哪里开始就纠缠在一起。

不知道这样多久了。
连想解开的念头，都没有。
对于没有尽头的巨大恐惧，
现在突然开始害怕了。

这么放着的话，
好像也不会断。
算了，就在这里剪断，到此为止吧。
到此为止。

双方
都成了两半

是因为两个人已经没有关系，
所以没有联系吗？
是因为想各自变得更好，
所以没有联系吧！

两个人曾那么相爱，
所以怎么可能最后受伤的只是其中一人呢？
为了重新成为完整的一体，
所以各自都要度过属于自己的一段时间。

不好的
问候

当被问到过得好不好时，
我犹豫了一下，
回答说：
在我再次遇见你之前，我很好，
但现在这一瞬间突然就不好了。

春天
会到来

对于等待着一个不会回来的人而深陷痛苦的你，
我不会说，不要等了。
我也不会和你约定一定会回来，而后笑着离开。
我更不会让你像个傻瓜一样待在原地。
因为我知道的，你可能也知道。

可能你还知道：
只有抛下最后的眷恋，
才可以重新站起来。
虽然离开的人不会回来，
但春天，不用等待也会来临。

在离开前，

给我一点爱！

只是立场的
差异而已

离开的人如此冷漠，
只有留下的人黯然神伤？

离开的人毫无感觉，
留下的人伤心欲绝？

离开的人是残忍的，
留下的人真的就很善良？

离开的人在笑，
只有留下的人在哭？

离开的人无所谓，
只有留下的人恋恋不舍？

离开的人应该不幸？
留下的人应该幸福？

曾经以为自己永远都不会离开的那个人，
他现在还在吗？

那些曾经要离开的人最后似乎还留在那里，
那些曾经说要留下的人，现在又身在何处？
哪有什么天长地久？只不过是此一时彼一时罢了。

任何人都可能是要离开的人，
任何人也都可能是被留下的人。

只是根据对方是谁，角色发生变化而已。

你是不是和我一样，
也辗转难眠

想知道，没有了我，你是不是过得好，
依旧该吃吃，该睡睡，一切若无其事？
是不是依旧面带微笑与人谈笑风生？

当再次路过你我共同走过的那条家门口的胡同时，
是否想起了与我的些许回忆？
又会不会因为这些回忆，让你辗转难眠？

我只想告诉你，
此刻的我，过得不好。
心里依旧担心着你。

常常
想念你

在爱情中谁更努力？

关于这个问题，根本不需要别人逼问，

你就会自己提出来，

说到底，只是谁付出的多，谁付出的少而已。

我们那炽热的爱情里，

虽然充满了快乐、悲伤、嫉妒、怨恨，

但最终只留下了"回忆"。

如今我只能依靠着那不知何时就会消失的思念，

偶尔想念你，

和那些曾经美好的回忆，

如今只剩遗憾和对不起。

是的，我爱过你。

一直走到
回忆的尽头

如果真的爱那个人，
那么交往时间的长短并不重要。
相比于在一起的时间，
生活才是最大的考验。

杳无音信的
理由

如果能与你相见，
我想问："你，现在过得好吗？"

曾经我想通过某些人得到关于你的消息。
哪怕只有那么一次。

但是现在我却突然开始好奇，
自己是否真的想得到关于你的音信。

毕竟你过得好不好，
与我没有什么关系。

反过来想想，
此时的你，
是不是也想听到关于我的消息呢？
现在的我，
过得好，还是不好？

尽管过得不怎么好，
但假如你问起我，
我还是会说我过得很好。
对于现在的你来说，
也许我怎么样都无所谓。
因为很久之前我们之间就已经完全没有关系了。

但你我仍在同一片天空下生活，
所以还是希望，
你过得不错。

那些因为时间而模糊了的所谓的缘分，
只不过是过去的情感罢了。

那些没有意义的想法，
现在可以扔掉了。
对于你是否过得好，
我决定不再好奇。

没有消息，便是最好的消息。
这就够了。

关上门
不让你进来

下雨了，
我关上了门，
为了不让你进来。

为了让狭小的房间不被悲伤所淹没，
我关上了门。

但越是这样，你越用力敲门。

数不清的雨点撞击着窗子，将我从睡梦中叫醒。

雨停后，本以为你消失了，
却不曾想到，你留下的痕迹还在玻璃上流淌。

寒冬
再一次来袭

你对于我，
就像秋天来了又走。

匆匆走出炎热的夏日，
树木换了衣服，
挥着手，
田野里成熟的稻子也在翩翩起舞。
就像来了又走的季节一样，
你也那样走了，
让人悲伤。

曾误以为那是爱情，
却不料竟是再一次来临的寒冬。
穿上漂亮的衣服，
挥着手，
灿烂地笑着，
就那样被秋风送走。

原来，我以为的爱情竟是寒冬。

第四章

现在，

请好好照顾自己

对自己的
问候

希望你不再做别人喜欢的事，
穿别人嘴中的漂亮衣服，
被别人说的话左右。

希望你无论何时，
做自己感到幸福的事，
穿自己喜欢的衣服，
和自己的内心沟通。

今天是如何度过的？
是什么让我感受到了快乐？
那件事是不是做得不错？
还有没有需要注意的？等等。
向自己问好，
给自己一个温暖的拥抱。

对于你如何生活，
别人不感兴趣。
他们只是喜欢随自己的心情，
爱管闲事罢了。

回头一看才发现，
毁了你的原来是你自己

人生被毁的原因之一，
就是过于执着，无法放下。

常常会为付出的真诚和时间感到可惜，
所以即便生活过得艰难、痛苦，
却依旧执着，不愿放下。

明明可以站起来，选择走别的路，
最终却等到无路可走的时候，才选择结束。
只留下那明知该放下却没能放下的后悔。

想清空
满脑思绪时

毫无想法地生活，
至少心里舒服，
相反，思绪万千，你很难向前。

那些多余的担心，
接二连三。
让脑海里充满了"不可以"的恐惧感，
然而继续苦恼也没有任何意义。

想法太多的时候，
不要依赖酒和朋友，
独处吧！

如果无法停止思考，
就走出家门，
眺望着远方，继续走，
直至累到不愿思考。

抱着世界末日来临的心情，放下一切包袱，
美美地睡个够吧。

因为不管今天多么黑暗，终会过去，
灿烂的明天一定会到来的。

只是还
没看见而已

小学二年级时的一个秋日下午，
我一个人待在房间里，看着数学书，
暗暗下定了决心，当时的情景，至今令我难忘。

"嗯，我做不到。"
那天我决定放弃数学。把书合上后，便再也没学过数学。

也不是说我很喜欢语文。
比起看流行的漫画书或电影，
我更喜欢独自听着音乐，看着天空，陷入沉思。
我不会勉强自己去做能力之外的，
或是令自己不愉快的事。

当然，相比于"我擅长做什么"，
偶尔也会陷入"我能做什么"的苦恼之中。

对于未来的茫然，对于明天的恐惧，
对于自己能力的评估，

可能就是让我努力生活的动力吧。

虽然人们看到我，偶尔也会鼓掌说："你很厉害。"
但可视的优雅背后，是被生活无情捶打的狼狈。

只看想看的样子，只按照自己的想法去干，
只说些自己想说的话。

但是为了写文章坐在咖啡厅的时候，
突然产生了这样的想法。
原来又回到了好久之前的路啊。

小时候曾想着边画画边写作边生活。

现在，我正做着自己想做的事情。

所以对那段辛苦的时光，也略感慰藉。

虽然现在也写作，但我认为它不会永恒地持续下去。

只是为了不就此倒下，消磨时间的一种方式。

所以关于你的梦想，即便现在还看不到，

我依旧希望你手里握着的那些有着无限可能的绳子，

不要被松开。

即便现在你认为还没有擅长的事，

也不要着急、失望、埋怨自己。

生活终究会告诉你，你想要的那份答案。

为什么不害怕?

是因为你鼓起了勇气。

母亲告诉我的
几项生活经验

第一，有多方面才华的人，
往往最担心的是自己的温饱问题。
如果某个人在很多方面都有过人的才能，
也许在人们眼中，
他是个了不起的人，
但本人却不会这么认为。
他反而会苦恼于自己不能术业有专攻，
时常担心未来的生计问题。

所以，比起一下子做很多事，
不如长久地坚持做自己最心仪的事。
将其余喜欢的，
当作兴趣。

第二，不要随身携带武器。
没有武器不管再怎么生气，
都可以忍着，
让它过去，
但如果一旦携带武器，
你就会使用它。

第三，别人的好话就当耳边风吧。
人们为了迎合你的心情，
常常会说些好听的话。
不必为那些话骄傲自满，
不要让他们打乱你的节奏，
让你轻飘飘。
要知道最了解你的人，
一直都是你自己。

第四，无论何时都要努力只看美好的事物，

只听积极的话。

人们的内心不同，

他们所看到的世界也会变得不同。

如果和内心消极的人接触，

即便看到让人心情不好的新闻，

你也会觉得这个世界上只有黑暗。

第五，不要只追求自己喜欢的人。

要珍惜爱你的那个人。

如果遇到那样的人，

要感谢和珍惜。

因为他会为了你，

而有所改变。

不是填满
而是放空的状态

所谓幸福，

也许就是晚上准备睡觉时，

可以立刻入睡。

既不是对明天工作的深深苦恼，

也不是因为与某人产生的复杂感情而兴奋不安。

是头脑没有被填满，是完全放空的状态。

在夜晚可以舒服地闭上眼，

我想这可能就是幸福吧！

请让我回到
幸福的那段时光吧

"请让我回到幸福的那段时光吧!"
如果幸福不在现在这里,
它又停留在什么时候呢?

如果现在不幸福,
那么,在即将成为过去的今天,
最终也会成为无法返回的不幸时刻。

所以现在要幸福。
如果现在过得不完美,
我们总会说"想回到幸福的那时候"。

那么,在以后回想现在的时候,
已经变成过去的这一瞬间是幸福的时刻吗?
如果现在过得不完美,

就永远都无法回到幸福的那时候。

所以说只有现在幸福，才能回到幸福的那时候。
不要寻找不知道在哪里的所谓的过去的幸福，
希望你现在幸福！

风告诉
我的话

起风了。

风说，
悲伤的日子，会随风而逝。
一切都会好的。

也正是因为这些考验，
现在的你可以在这里，
和我说着话，呼吸着。

风说，所有的阻挡并不会让我消失。
相反，我会用整个身体去迎接它们。
路，走着走着，
你也就会懂得慢慢放下了。

就像现在这样也没关系，
沿着看不见的路走下去，
虽然看不到前路，
但是你也正在寻找出路。

正是因为看不见路，所以不管在哪里都有路。
你就像往常一样，会做好的，
要相信自己，向前迈进吧。
风说。

之所以不知道何为幸福，

　　是因为你总在东张西望。

今天也会成为
怀念的时光

有可怀念的时光，
是件幸福的事。
因为知道无法回到过去，
所以更加情深意切。

但我还是劝你，不要总沉浸在过去，
忘记让你思念的那段时光，充分享受现在吧！
因为在未来的某个时刻，你也同样会怀念今天。

不安
也是一种习惯

制定了一条紧锣密鼓的路线。
分明是想暂时脱离现实，
而去休息的一场旅行，
但旅途移动似乎太过频繁了些。

明明在规定的时间里完成了比别人更多的事，
为何还会有种莫名而来的压迫感？

但这是错的吗？
在有限的时间里，努力活着，
这是多么有意义的事情啊！

这并非一个对与错的问题，
而是一个人对于生活的态度问题。

但为什么还会感到不安呢？
大概是因为什么都没有做吧。

感受百分之二百
幸福的方法

不要想象未来。

不要回顾过去。

不要迷恋那些无法拥有的。

不要对未知恐惧。

要一直活在当下。

要努力守护身边人。

一步一步向前，
你就会知道

比起做不着边际的梦，
希望你能感恩今天。
比起眺望远处，
希望你能对身边的事物抱有希望。
比起苦恼要去哪里，
希望你能盼望着现在。

一步一步地向前迈进，
你就会知道，自己正在走向何处，
知道自己想去哪里。

没必要一开始就拥有太多东西，
不用为了走太远而费尽心力。
你所希望的，
一直离你很近。

不必为
曾经的决定后悔

在现在的情况下回顾过去，
你可能觉得自己很愚蠢，也很傻。
但这只是现在的想法。

可能那时，你做的是最好的选择。
因此，后悔是一件很愚蠢的事。

有时
回避才是上策

世界看起来如此疲惫，

那是因为，

你只看那些、只听那些让人疲惫的东西。

去见那些能让你心情变好的人，

去看那些积极的消息吧！

身处的环境不同，

看到的世界也就不同。

不要对那些让你痛苦的人，

那些让你心痛的话，

那些与你无关的、本可以不知道的事情，

倾注不必要的情感。

让自己从不需要的东西中解脱出来，
捂住耳朵，闭上眼睛，闭上嘴，
这样才能有充分的时间，
遇见更幸福的自己。

放过自己，
不必强求

不好便不好吧，痛苦就痛苦吧。
一切顺其自然吧。

就算费尽心思，
也不会让不好的事情好转，
让此刻的痛苦消失。

顺其自然吧。
该好的会好起来。
如果一切依旧，
那也是没有办法的事。

追随自己的心，
幸福不会遥不可及

有的人认为，爱可以支撑起生活。
有的人认为，比起爱，金钱更实用，
有了钱才可以随心所欲地生活。
对此，没有绝对的对与错。

每个人都有自己的选择，
生活中也不存在绝对的傻瓜，
如果做出的选择能够满足自己，
幸福又怎会遥不可及？

值得亲近的人
与要远离的人

和那些说积极话的人，亲密相处吧！
对于你的选择，
那些说"做得好，一切都会好起来"的人，
会给予你前行的能量。

相反，那些对你提出质疑，
说着"那应该很难，我认识的人都说不行"的人，
会让你陷入犹豫的沼泽。

即便拥有的少，
但至少自由

不要总想着拥有很多，
拥有的越多，要守护的必然就越多。
与其无法对拥有的担负起职责，
没有反而更幸福。

有时拥有的越多，也就意味着失去的越多。
比起那些努力去守护、无法承担的人，
没有什么可失去的人，无论做什么都会更加自由。

过度的担心，

　　只是因为现在过得毫无意义而已。

当一切都
不如自己所愿时

世界上并不是只存在你一人，
所以你又怎能要求这个世界按照你的想法运转着呢？

你没有理由因为辛苦而责怪世界。
因为这个世界上不存在一直期望你不幸的人。

每个人都有各自的喜怒哀乐，都有属于各自的生活。
比起那些生活在怨恨中的人，
我和我周围的人，
都希望笑着幸福地度过每一天。

所以不要浪费时间去埋怨别人，
集中精力过好自己的人生，才最重要。

如果总回头看，
便无法向前

之所以总是会想起过去，
回顾过去美好的日子安慰自己，
或者后悔、惋惜过去自己错过的事。
是因为现在过得不幸福。

回顾过去，虽然有的时候是为了当下，
为了自己能更好地抉择。
但如果被过去所束缚，那未来也必定会被牵绊。

如果现在你感受不到幸福，
那就找一找

幸福是什么呢？
是本应留在原位的东西，始终坚守在那里。
除此之外，还有与这同等让你感受到幸福的事吗？
所爱的人和家人都平安无事地生活着。

我们无论何时都想去寻找快乐的事情，
拥有看起来新颖美好的东西，
就像在的时候认为理所当然，
失去之后才明白它很珍贵一样，
殊不知幸福就在身边，
挣扎着寻找，很辛苦。

所有的经历只是为了
另一个开始的必经过程而已

如果能回到那个时候，我能更好地对待你。

这种想法毫无意义。

就算回到那个时候，

你还是那时的你，

我也还是那时的我，

会不会改变，结果都一样。

现在的我是现在的我，

现在的你是现在的你，

即使我们重新开始，也不会有什么变化。

毕竟，现在的我们都保有那时的记忆，

没有人会愿意揭开快要愈合的伤口，

让自己再痛一次。

所以，过去的事就让它过去吧。

感到可惜的事就忘了吧。

所有的经历只是为了另一个开始的必经过程而已。

不要再拘泥于过去，而错过了现在。

希望记忆在记忆中，把回忆留作回忆。

放下它们，重新开始。

只做
力所能及的事

拖延本该做的事，只会招致不安和急躁感，
最终，不仅仅是这件事，任何事都不会做好。
如果要做的事不想做或做不了，
最好不要推迟，直接放弃。
越往后推，时间越紧迫，内心越焦虑。

不用为了不想做的事而费心。
什么都不想做，或者不能做的话，就什么都不做，
即使现在感到不安，也只做自己能做的事，
一边休息，一边了解自己的内心。

拥有时，
请好好珍惜

因为没有约定好的明天，
所以和心爱的人一起，好好珍惜当下。

就像月亮落下太阳升起，一切都是注定的安排。
谁也不知道下一刻会发生什么。
我们的呼吸唯一能证明的就是：
这一刻，至少我们安然无恙。

所以，无论关于什么，当机会来临的时候，
为自己以及你所珍视的人，做些什么吧!

"做就行"

小时候，看到"做就行"这句话，
我们总会不禁怀疑"真的吗？"
既然有"做就行"，
那么，什么事是"做不行"的呢？
应该也有做而不行的事吧？

长大后很多人都说"行就做"。
如果行，就去做。
但这句话从一开始就下定了"不行"的结论。
你既没有尝试过，也没有要尝试的想法，
还声称"能行就去做"这难道不是在为不做找借口吗？

我们都希望在事情还没有开始的时候，
就得到关于结果的保证。
可如果我们已经预先知道了事情的结果，

那还会为之努力吗？反正最后的结果都是预定好的。

再者，如果一切抱着"行就做"的想法，
最终却出现了"不行"的结果，
那么我们很容易将失败的原因归咎于别人。
我们不会再为了成功而找方法，
只会为失败而找理由。

这么看来，"做就行"这句话具有很深刻的道理呀！
因为没有保证，我们可以竭尽全力，
因为不确定，我们可以千方百计，
我们不再需要被别人的流言蜚语而左右，
我们会变得坚毅，会变得专注，
会变得不那么在乎结果，
而最后，即使是失败，我们也不会后悔。

不要去奢望得不到的东西，

　　要感谢你现在所拥有的。

比起得到，
守护更重要

生活中，
比起拥有，更重要的是不失去！
比起前进，更重要的是不停下！
不要为了拥有更多而停下来犹豫，
不要为了前进而抛弃自我，活在痛苦的汪洋里。
希望无论何时都追寻着内心的自己，度过每天。

忘却
是最好的礼物

记不起来，有时也是件好事。

如果不能忘却，一切就无法重新开始。

长大后的你，
过得好吗

你过得好吗？此刻要去哪里？
我偶尔会这样问自己。

回想过去，生活并不如意。
虽然后悔，但比起后悔的时光，
我一直催促着自己，现在应该去做些什么。

说着会有更好的未来，
就这样气喘吁吁奔跑到现在。
你究竟以怎样的面貌，正走向哪里？我停下来问自己。

生活坚持又坚持，
现在我想放下一切，高呼万岁。
像逃亡似的离开。
看不到前路、未来，不知道该去哪里。

假定，
没有意义

如果这么做了，
结果会怎样？
如果那样做的话，
会不会是更好的选择？
比起后悔这么做，
思考现在要做怎样的选择，
要如何做，才更有意义。

迷路的
大人

比起迷路的孩子，
更害怕、更悲伤。

孩子迷路时可能会哭，可能有人会照顾他，
还可能有焦急地寻找孩子的人。
但是大人迷了路，
没有谁能为你做什么，没有谁能告诉你该走哪条路。

大人迷路无异于失去了人生。

如果因为不知道路而徘徊，那自己就创造一条路吧！
与其举棋不定，不如在空白状态下重新书写。

所以我想把自己带到一个没有人认识我的地方。
放下一切，重新开始。

当然放下一切，
去一个完全陌生的地方比想象中要难。

但是我也知道，
思虑越久，苦恼就越深，
时间也会阻碍你。
于是果断地扔掉一切，买机票突然离开了。

你可以的。
为去不去一个陌生的地方犹豫时，时间依旧在流淌。
倒不如去那里，为自己换个方向。

成为大人，就是懂得对自己负责。
就这样，
世界上所有的成年人都在陌生的道路上，旅行着。

重要的是
有一颗敢于尝试的心

抱着凡事要做到极致的心态，
生活常常会陷入不安与孤独的境地。

不论做什么，都想要成功，
任何事都想尽善尽美，
即便是与人相处，也要毫无差错，
细小的问题也要深思熟虑很久。

生活被要求得过于完美，
人也容易陷入自责的沼泽。
制定严格的规则，将自己关起来生活。

任何人都想做得好，
但过于敏感，
身边又怎会有人留下？

要知道，做得好与生活得好，

是两个完全不同的概念。

不必事事追求极致，重要的是敢于尝试。

落叶与
秋风

落叶最多时，人们常会去登山。
所以落叶不会埋怨秋风。
对落叶来说，
美好的日子、美好的瞬间，
有人可以一起度过，便已足够。

过滤
真实的方法

做着不幸福的工作，
交往着不能带给你幸福感的人，
却一直妄图寻找幸福。
这是多么愚蠢且幼稚的期盼！
幸福从来都不会从天而降，
而需要你自己去创造。

别管别人说什么，
做自己想做的事情，交往自己喜欢的人，
不要杞人忧天，
即使生活的重担都压在了你一个人的身上，
真正的爱人必定还不离不弃地守护着你。

唯一的
时光

任何事物都无法补偿或挽回时光。
我们在一起的时光之所以珍贵，
也是因为它的无可替代。

让它
成为过去

不必一味地执着和固守，
更重要的是顺应潮流。

如果将时间全部倾注于弥补过去的伤痛，
或者被过去的荣耀所束缚，
无法放下，无法正视现在的自己，
就不能完整地生活在这个时代。

或者说，虽然身处现在，
但心还停留在远去的岁月。

比起努力，
更希望你有创造的欣喜

比起努力去做某件事，
更希望你能创造新的挑战，制造惊喜，为了自己。

那个人也并不完美

对于幸福、成功，每个人都有各自的标准。
望着那些想拥有，却不属于自己的东西，
虚无缥缈的期待，只是贪欲而已。

你也有属于你的幸福，
也有属于你的成功，
所以，对于别人嘴中幸福和成功的标准，
你不必动心。

现在，该照顾自己了

不必贪图更多，
要感谢现在所拥有的没有失去。
不必埋怨自己做得不够好，
要认可这段时间的辛苦和努力。
希望今天的这一天你能珍惜。

对没能得到的，对没能做好的，
不必自怨自艾。

版权登记号：01-2022-5823

图书在版编目（CIP）数据

温柔和善良要有锋芒 /（韩）金在植著；程乐译
. — 北京：现代出版社，2022.11
ISBN 978-7-5143-9978-3

Ⅰ.①温… Ⅱ.①金… ②程… Ⅲ.①散文集-韩国
-现代 Ⅳ.① I312.665

中国版本图书馆 CIP 数据核字 (2022) 第 191816 号

Original Title: 좋은 사람에게만 좋은 사람이면 돼

温柔和善良要有锋芒

著　　者：[韩] 金在植
译　　者：程　乐
责任编辑：赵海燕　王传丽
出版发行：现代出版社
通信地址：北京市安定门外安华里 504 号
邮政编码：100011
电　　话：010-64267325　64245264（传真）
网　　址：www.1980xd.com
印　　刷：三河市中晟雅豪印务有限公司
开　　本：787mm×1092mm　1/32
印　　张：8.75　　　　　字　　数：148 千
版　　次：2023 年 3 月第 1 版　　印　　次：2023 年 3 月第 1 次印刷
书　　号：ISBN 978-7-5143-9978-3
定　　价：55.00 元